99 Affirmations

Ultra-Puissantes pour

Changer de Vie

Remodelez Votre Réalité,

Dans Tous les Domaines

Frank Costa

Table des matières

...

J'ai le pouvoir de créer le changement que je veux voir

Je suis digne d'amour, de bonheur et d'épanouissement

Tout ce qui arrive maintenant se produit pour mon plus grand bien

...

Introduction à la série

« Les seules limites sont celles que l'on s'impose »

Tout d'abord, je veux vous remercier et vous féliciter pour avoir téléchargé ce livre. Par cet acte en apparence si simple, vous démontrez à l'Univers que vous êtes prêt à agir pour devenir l'acteur et l'artisan de votre réalité, que vous avez décidé de faire ce qu'il fallait pour être plus heureux et plus épanoui.

Mais comment faire pour transformer ce premier pas en outil de changement puissant ? En utilisant un outil tout simple, gratuit, toujours disponible, qui ne demande que quelques instants chaque jour et qui ne nécessite aucun apprentissage : les affirmations.

Grâce à celles-ci, à la puissance du Verbe (qu'il soit prononcé verbalement ou intérieurement) vous reprendrez le contrôle de votre vie, un contrôle total si vous le souhaitez. Et pour cela, nul besoin d'attendre ou de suivre une formation : vous pouvez commencez aujourd'hui, et même maintenant !

On pourrait définir une affirmation comme une déclaration positive d'un fait ou d'un état comme s'il était déjà manifesté, formulée énergiquement et avec confiance. En réalité, vous le faites déjà tout ou long de la journée, souvent inconsciemment. Tout ce que vous pensez, tout ce que vous dites est une affirmation, une déclaration positive ou négative. Dès lors, il faut choisir avec soin ce sur quoi vous voulez vous focaliser, car cela tendra à se manifester ou se maintenir en l'état.

Les affirmations fonctionnent pour absolument tout, que ce soit pour améliorer vos conditions de vie, votre santé, trouver le travail de vos rêves, attirer la richesse… ou pour améliorer votre vie intérieure, progresser, rencontrer l'amour, vivre dans la joie, être respecté, vous défaire d'une habitude néfaste…

Quand vous constaterez les premiers résultats, qui arrivent parfois très vite, vous progresserez encore plus rapidement, car vous *saurez* que cela fonctionne. Débarrassé du doute et de la peur, vous reprendrez confiance en votre pouvoir créateur naturel et cela accélérera la manifestation de vos affirmations.

Les affirmations sont connues depuis les temps les plus reculés et sont utilisées avec succès par tout ce que le monde compte de champions, de grands sportifs, d'hommes d'affaires ayant réussi, de stars du cinéma ou de la chanson, de scientifiques brillants...

Comme eux, vous aussi pouvez apprendre à débloquer votre pouvoir et votre potentiel pour atteindre tous vos objectifs et relever tous les défis de la vie, qui sont là pour vous faire grandir en vous poussant à vous dépasser.

Pour utiliser efficacement les affirmations, vous n'avez qu'une chose à faire : vous en servir au quotidien, le plus souvent possible, avec foi et confiance. Si ces deux derniers éléments sont absents au départ, ou vous quittent par moment, ne vous inquiétez pas et continuez à travailler sur votre réalité à l'aide de vos affirmations. Au bout de quelques temps, des signes commenceront à apparaître qui vous indiqueront que vous êtes sur la voie de la transformation, et cela vous redonnera confiance.

Bien sûr, si vous affirmez une phrase telle que « *L'argent vient à moi facilement chaque jour* » et que votre réalité actuelle ne vous permet même pas de payer vos factures, vous allez en être conscient. Le but des affirmations n'est pas de vous mentir à vous-même ou de vous masquer la réalité des choses.

Le but est tout simplement de transformer la réalité actuelle en utilisant le pouvoir du Verbe. Donc, au bout d'un certain temps, les affirmations commencent à transformer votre paysage intérieur. **Tout commence toujours à l'intérieur, pour se**

manifester à l'extérieur. On peut également dire, en renversant cette proposition que **tout ce que vous voyez se manifester dans votre vie est le reflet de votre paysage intérieur.** C'est la même chose. Le monde est un miroir.

Par conséquent, en affirmant la richesse là où se trouve la pauvreté, la santé là où se manifeste la maladie, la joie là où il y a la tristesse, vous décidez d'effacer une illusion pour la remplacer par une qualité d'essence divine. En persévérant dans cette voie, en maintenant une nouvelle vision, l'Univers n'a pas d'autre choix que de modeler votre réalité sur votre paysage intérieur, car les deux sont indissociables.

Quand votre réalité commence à changer, vous devez continuer à faire votre part et à travailler avec l'Univers. Bien qu'il soit possible que des choses semblent se manifester « comme par magie » dans votre vie et que ce qu'on nomme « la chance » vous accorde ses faveurs, vous aurez en général à concrétiser des opportunités et à saisir les occasions quand celles-ci se présenteront.

Comme vous dégagerez des vibrations positives, vous commencerez à attirer sur votre chemin les personnes et les situations qui vous permettront d'avancer en direction de votre but. Et comme vous saurez pourquoi ces personnes et ces situations se manifestent, que vous saurez que c'est la réponse de l'Univers à votre requête, vous aurez la confiance et la motivation nécessaires pour agir. Vous n'hésiterez pas, que ce soit pour accepter un nouveau poste, prendre des responsabilités ou procéder à des changements radicaux dans votre vie. Vous vous sentirez maître de votre destin et vous libérerez de la peur paralysante et des doutes sclérosants.

Les affirmations contenues dans ce livre sont suffisamment nombreuses et variées pour que vous trouviez celles qui vous correspondent. Elles sont là pour être utilisées, alors servez-vous en !

Explorez-les sans limites. Si certaines d'entre elles entrent en résonance avec vous au départ mais qu'au fil du temps elles vous touchent moins, sentez-vous libre d'en changer. Vous pouvez même écrire les vôtres ! L'important est qu'en les utilisant, vous sentiez qu'elles vous transforment d'une manière positive et qu'elle vous donnent une énergie nouvelle. En travaillant de cette façon, des miracles se produiront dans votre vie.

Comme pour leur choix, ne vous limitez pas quant à leur utilisation. Vous pouvez utiliser les affirmations tout le temps et partout, en toutes circonstances. Elles peuvent aussi bien vous être d'un grand réconfort dans les épreuves et les situations compliquées que quand tout va bien. Ne cessez jamais de les utiliser.

Si vous êtes dans une phase négative, elles ont le pouvoir de transformer rapidement la situation de la meilleure manière possible. Si vous êtes dans un cycle positif, elles contribueront à le maintenir et l'embellir encore.

Au-delà de la résolution de problèmes et de l'atteinte d'objectifs, travailler quotidiennement avec les affirmations vous reconnecte avec l'énergie divine, ou l'énergie universelle si vous préférez ce terme. Peu importe que vous ayez une croyance ou non. Faites exactement ce qu'il faut faire, suivez la méthode que je vais détailler pour vous dans un instant, et vous obtiendrez des résultats qui dépasseront toutes vos espérances.

Vous êtes ici pour être heureux, sains, ne manquant de rien et vous réalisant à travers l'activité qui vous correspond et qui sera utile pour le plus grand nombre. Vous êtes unique et vous avez quelque chose d'unique à offrir au monde. En utilisant les affirmations, vous serez naturellement amené à vous accomplir.

L'utilisation des affirmations est comme un raccourci, une voie express vers la manifestation de ce que vous voulez dans votre vie. Si vous ressassez toujours vos problèmes, que vous vous plaignez de ce qui vous fait souffrir, vous affirmez une réalité et empêchez tout changement de fond.

Peu importe que vous ayez raison ou tort, ou que votre problème soit « réel » et vous paraisse insurmontable. Si vous voulez vraiment vous en débarrasser et renaître à une vie nouvelle, vous n'avez pas de temps à perdre à ruminer des idées et des sentiments négatifs, que ce soit envers vous ou envers d'autres personnes, la société, Dieu, la météo ou que sais-je encore.

Au lieu de cela, dites adieu à votre ancien monde et accueillez **dès aujourd'hui et sans réserve** celui que *vous* aurez choisi. Cela est si simple que vous vous demanderez très bientôt comment vous avez pu abdiquer votre pouvoir créateur pour nourrir les faux maîtres que sont vos propres pensées et sentiments négatifs, pures illusions sur lesquelles vous avez toujours eu prise.

La Méthode

Vous savez maintenant ce que sont les affirmations et ce qu'elles peuvent faire pour vous. Il est temps à présent de vous en servir.

Voici la méthode simple en trois étapes pour obtenir des résultats rapides :

1. **Choisissez** entre trois et sept affirmations parmi celles qui suivent + créez la vôtre.
2. **Répétez** ces affirmations tranquillement le matin au réveil et le soir avant de vous coucher + le plus souvent possible au cours de la journée.
3. **Écrivez**-les sur un cahier dédié chaque jour, au minimum une fois, dans l'idéal entre 10 et 25 fois chacune.

Combien de temps devez-vous pratiquer cela ? Jusqu'à ce que vous ayez atteint les résultats attendus. Cela peut-être très rapide ou un peu plus long. Il s'agit d'implanter une nouvelle vision des choses, de nouvelles croyances et de nouveaux sentiments dans votre subconscient. Dès l'instant où cela est fait, les changements suivent automatiquement.

Un minimum de 21 jours est recommandé dans tous les cas. Une « cure » d'affirmations sur un sujet donné de 90 jours transformera votre vie dans le sens que vous souhaitez et même au-delà.

Une fois votre but atteint dans un domaine, vous pouvez vous consacrer à un autre domaine et ainsi de suite. Vous êtes redevenus maître de votre vie. Repoussez les limites. Amusez-vous à créer votre réalité avec des objectifs de plus en plus grand.

Et rappelez-vous que les seules limites que nous rencontrons sont celles que nous nous imposons.

Note sur les affirmations

Bien que la plupart des affirmations qui suivent soient formulées au présent et de manière positive, certaines échappent à cette règle. En effet, comme toute règle, celle-ci n'est pas absolue et chez certaines personnes, le fait de désigner un mal ou d'indiquer ce que l'on souhaite pour le futur peut générer un puissant sentiment de bien-être et de sécurité, sentiments contribuant à accélérer la manifestation. Si tel est votre cas, n'hésitez pas à inclure une ou deux affirmations de ce type dans votre sélection.

D'autre part, certaines affirmations sont très proches l'une de l'autre et peuvent *sembler* quelque peu répétitives. Toutefois, tout comme en musique, les nuances sont importantes et chaque terme a une vibration qui lui est propre, chaque tournure de phrases fera résonner différemment en vous les mots qu'elle contient.

Essayez de trouver les affirmations qui suscitent chez vous le plus d'émotions positives. Ce sont celles avec lesquelles vous obtiendrez les meilleurs résultats, dans les délais les plus courts.

Affirmations

J'aime ma vie

Je mets de l'amour et de la vérité dans tous les domaines de ma vie

Je peux tout faire, je décide et je le fais

Je possède toutes les qualités nécessaires pour avoir un succès éclatant dans ce que j'aurai choisi

Je nourris mon esprit, prends soin de mon corps et grandis en conscience

Chaque jour, je m'améliore dans tous les domaines

J'ai le pouvoir de créer le changement que je veux voir

Toutes mes peurs concernant l'avenir disparaissent simplement

Je suis une source d'amour perpétuelle

Je suis satisfait de mon corps et je le nourris sainement

Je suis la source de mon bonheur, par ce que j'accomplis et ce que j'offre au monde

Chaque jour nouveau est rempli de possibilités et d'un potentiel infinis

J'utilise mon intelligence et mon intuition pour me guider en toutes circonstances

Je mérite de trouver le travail parfait pour moi et d'être bien payé en échange de ce que j'ai à offrir (si vous cherchez un emploi)

Je dis Oui à la vie

J'ai la force et le courage de faire face à tous les défis

Je ne laisse jamais les petits tracas de la vie me déborder

L'Univers me supporte dans mes efforts et mes rêves deviennent réalité

De nombreuses personnes reconnaissent ma valeur et je suis admiré

Je suis l'amour, je suis le but, j'ai été créé avec une intention divine

Je suis si reconnaissant pour ma vie et toutes ses bénédictions

Je suis le Tout et je le ressens à chaque instant

Aujourd'hui, j'abandonne mes vieilles habitudes et je les remplace par de plus positives

Je suis complet et parfait maintenant

Je grandis, j'apprends et j'évolue chaque jour qui passe

Tout ce qui arrive maintenant se produit pour mon plus grand bien

J'ai le pouvoir en moi pour créer la vie que je désire

Le partenaire parfait arrive dans ma vie, plus tôt que je ne m'y attends (si vous êtes seul)

Mes guides me dictent les bons choix et je les entends

Aujourd'hui, je souhaite la paix, la joie et le meilleur à chacun

Je me pardonne moi-même et m'accorde de la compassion

Je suis heureux et bien dans ma peau

L'énergie créatrice coule à travers moi et m'abreuve d'idées nouvelles et brillantes

Je suis guidé par l'Univers à chaque étape de ma vie, et il me pousse vers ce que je dois savoir et faire

Je refuse d'abandonner car je n'ai pas fait tout ce qui est possible

Je rend mes proches fiers de moi

Aujourd'hui, je déborde d'énergie et de joie

Le monde est meilleur grâce à ce que j'apporte

Je lâche prise des vieux schémas qui me maintiennent attaché au passé

Je reconnais ma valeur et ma confiance en moi s'en trouve grandie

Je suis digne d'amour, de bonheur et d'épanouissement

Je m'aime et je m'accepte tel que je suis

Ma capacité à atteindre mes objectifs est illimitée et mon potentiel de succès infini

Je donne librement un amour et une acceptation inconditionnels à moi-même et aux autres

De jour comme de nuit, mes intérêts prospèrent

Je suis le super-héros de ma vie

Je me réveille aujourd'hui avec la force au cœur et l'esprit clair

J'ai des relations saines et positives avec ceux que j'aime

Ma nature est divine, je suis un être spirituel

Mes pensées sont toujours positives et ma vie est remplie de prospérité

Tout se déroule toujours merveilleusement pour moi

Je ne me compare qu'à mon Soi supérieur

Même si cette période est difficile, je sais que c'est juste un bref passage dans ma vie

Je pardonne à ceux qui m'ont blessé par le passé et je me détache d'eux dans la paix

J'ai confiance en mes talents, mes capacités, mes dons et mes facultés

Mon corps est sain, mon esprit brillant et mon âme tranquille

Je laisse aller le passé, m'abandonne au futur et vis pleinement le moment présent

Une rivière de compassion me nettoie de toute colère et la remplace par de l'amour

Je suis une personne de valeur et j'attire la joie

Je crois que je peux réaliser tout ce que je veux

Ma relation amoureuse devient chaque jour plus forte, plus profonde et plus stable (si vous êtes en relation)

Ma vie a du sens, j'ai un but et je le suis avec passion

Je témoigne de l'amour à chaque personne que je rencontre

J'irradie la beauté, le charme et la grâce

Je laisse aller tout ce qui ne me sert plus dans la vie

Je suis un roc et je suis indestructible

Je lâche toutes mes émotions négatives et j'avance, confiant

Je suis l'architecte de ma vie, j'en pose les fondations et choisis son contenu

Le passé n'a plus aucun pouvoir sur moi

J'attire des expériences qui servent mon plus grand bien et me transforment pour le meilleur

Je crois en moi sans limite

Je choisis et je n'attends pas d'être choisi

Je suis béni d'avoir une famille formidable et des amis merveilleux

Dès que je donne de l'amour, j'en reçois immédiatement davantage

Ma vie ne fait que commencer

Je mérite l'amour, tout le temps

Je suis courageux et j'avance toujours dans la vie

Je peux accomplir de grandes choses

Les gens ne demandent qu'à m'aimer et je leur permets

J'ai reçu de nombreux talents que je commence à utilise aujourd'hui

Aujourd'hui, je choisi le succès, la joie et l'action juste

Mes relations sont basées sur l'amour, l'entraide et le partage réciproque

Je me réjouis du succès et du bonheur des autres, je leur souhaite le meilleur

Je peux et je veux, tout simplement

Les obstacles disparaissent de mon chemin et mes voies sont pavées de bonnes choses

Mon entreprise grandit, grossit, prend de l'expansion et devient de plus en plus prospère (si vous avez une entreprise)

Je créé et je maîtrise ma réalité

Je suis en paix avec tout ce qui est arrivé, arrive et arrivera

Je suis unique et n'ai pas à me comparer aux autres

J'accepte la paix et la joie dans tous les aspects de ma vie

Je surmonte la maladie et ma santé s'améliore à chaque jour qui passe

C'est moi qui choisis comment je me sens aujourd'hui et je choisis la joie

Je suis prêt pour le changement

J'attire des gens merveilleux dans ma vie

Je suis supérieur à toute pensée négative et à toute faiblesse

Je mérite le meilleur et j'accepte le meilleur maintenant

Je suis le succès et je le manifeste

Je suis ouvert à l'inconnu et je poursuis mes rêves sans peur

Mon futur sera la projection idéale de ce que je visualise maintenant

+

Inspirez-vous de ce qui précède, et rédigez ici *votre affirmation.*

En guise de conclusion

Les affirmations ci-dessus sont très puissantes mais n'oubliez pas que si vous ne vous en servez pas... il ne se passera rien.

Pour obtenir des résultats, il vous faut pratiquer sur une base quotidienne. La répétition est un facteur-clé. Il vous faut transformer vos vieux schémas de pensées pour les remplacer par de nouveaux que *vous* aurez choisi.

Suivez simplement le plan en trois étapes simples que je vous ai présenté en introduction et regardez ce qui se passe.

Vous êtes au bord d'un changement de vie radical, qui vous conduira vers la richesse, le bonheur, la santé, l'épanouissement personnel dans tous les domaines de votre vie et la réalisation de vos rêves les plus chers.

Ne laissez pas votre mental vous bloquer et *pratiquez* sans cesse, au besoin *malgré* le doute et le découragement car

« *L'heure la plus sombre précède toujours l'aube* »

Alors des miracles se produiront dans votre vie.

C'est tout le bonheur que je vous souhaite.

Frank

Merci !

Avant de nous quitter, je veux vous remercier et vous féliciter une nouvelle fois pour avoir pris le temps de lire ce livre.

Si vous avez aimé ce que vous y avez découvert ou si vous voulez témoigner des changements positifs survenus en pratiquant la méthode simple exposée ici, pourriez-vous prendre quelques instants pour laisser une évaluation sur le site d'Amazon ?

Chaque commentaire est précieux et permet aux auteurs de toujours s'améliorer, et aux lecteurs de se repérer dans la multitude de livres existant.

Merci à vous !